金石同壽・青銅器精品集 4

閲　是　編

浙江人民美術出版社

圖書在版編目（CIP）數據

金石同壽：青銅器精品集. 4 / 閱是編. -- 杭州：浙江人民美術出版社，2018.12
ISBN 978-7-5340-7131-7

Ⅰ. ①金… Ⅱ. ①閱… Ⅲ. ①青銅器(考古)－中國－圖集 Ⅳ. ①K876.412

中國版本圖書館CIP數據核字(2018)第247234號

金石同壽·青銅器精品集 4
閱 是 編

責任編輯 楊 晶
文字編輯 傅笛揚 羅仕通 張金輝
裝幀設計 陸豐川
責任印製 陳柏榮

出版發行 浙江人民美術出版社
(杭州市體育場路 347 號)
網 址 http://mss.zjcb.com
經 銷 全國各地新華書店
製 版 杭州富春電子印務有限公司
印 刷 杭州富春電子印務有限公司
版 次 2018 年 12 月第 1 版·第 1 次印刷
開 本 889mm×1194mm 1/16
印 張 6.75
書 號 ISBN 978-7-5340-7131-7
定 價 525.00 圓

前　言

“美成在久”，語出《莊子·人間世》。但凡美好之物，都需經日月流光打磨，才能日臻至善。一蹴而就者，哪能經得起歲月的考驗？真正的美善，一定是“用時間來打磨時間的產物”——卓越的藝術品即如此，有社會責任感的藝術拍賣亦如此。

西泠印社的文脈已延綿百年，西泠拍賣自成立至今，始終以學術指導拍賣，從藝術的廣度與深度出發，守護傳統，傳承文明，創新門類。每一年，我們秉持著“誠信、創新、堅持”的宗旨，徵集海內外的藝術精品，通過各地的免費鑒定與巡展、預展拍賣、公益講堂等形式，倡導“藝術融入生活”的理念，使更多人參與到藝術收藏拍賣中來。

回望藝術發展的長河，如果沒有那些大藏家、藝術商的梳理和遞藏，現在我們就很難去研究當時的藝術脈絡，很難去探尋當時的社會文化風貌。今時今日，我們所做的藝術拍賣，不僅著眼于藝術市場與藝術研究的聯動，更多是對文化與藝術的傳播和普及。

進入大眾的視野，提升其文化修養與生活品味，藝術所承載的傳統與文明才能真正達到“美成在久”——我們出版整套西泠印社拍賣會圖錄的想法正源於此。上千件躍然紙上的藝術品，涵括了中國書畫、名人手跡、古籍善本、篆刻印石、歷代名硯、文房古玩、庭院石雕、紫砂藝術、中國歷代錢幣、油畫雕塑、漫畫插圖、陳年名酒、當代玉雕等各個藝術門類，蘊含了民族的優秀傳統與文化，雅致且具有靈魂，有時間細細品味，與它們對話，會給人以超越時空的智慧。

現在，就讓我們隨著墨香沁人的書頁，開啟一場博物藝文之旅。

目 録

CONTENTS

965

商晚期・青銅子父丁爵

銘文：子父丁。

說明：此青銅爵為陳介祺舊藏、于省吾遞藏，多次著錄出版。厚流口，尖尾，口沿上有對稱的菌形柱。腹部似卵，半環鋬，底承外撇的三錐形足。菌形柱上，陰線裝飾火紋。腹部有三條弦紋，鋬上圓雕牛首，其餘部分皆光素。鋬下有銘文“子父丁”三字，屬簡式祭辭。

此爵為典型的商晚期器，熟皮，傳承甚久。早年乃金石大家陳介祺之物，後歸于省吾所有。于省吾（1896～1984），字思泊，號雙劍誃主人、澤螺居士、夙興叟，遼寧省海城縣人，古文字學家。歷任奉天萃升書院院監，輔仁大學講師、教授，北京大學教授，燕京大學名譽教授，故宮博物院專門委員，吉林大學歷史系教授、古文字研究室主任兼校學術委員會委員，中國古文字研究會理事，中國考古學會名譽理事，中國語言學會顧問兼學術委員，中國訓詁學會顧問等。著有《甲骨文字釋林》、《雙劍誃殷契駢枝》、《雙劍誃吉金文選》、《雙劍誃吉金圖錄》、《雙劍誃古器物圖錄》、《商周金文錄遺》等行世。

LATE SHANG DYNASTY A BRONZE LIBATION CUP, *JUE*

Literature: 1. *Inscriptions on Bronze Vessels from Yunqingguan*, vol. 1, p. 10, no. 2, Wu Rongguang, 1842
2. *Research on Marks on Ancient Bronze Vessels*, vol. 14, p. 8, Xu Tongbai, 1886
3. *Collection of Inscriptions from Qihushi*, vol. 7, p. 18, no. 2, Liu Xinyuan, 1902
4. *Collection of Inscriptions from Yin Dynasty*, vol. 2, p. 18, no. 6, Luo Zhenyu, 1917
5. *Ke Zhai Ji Gu Lu*, vol. 22, p. 16, no. 2, Wu Dacheng, 1918
6. *Fu Zhai Ji Jin Lu*, vol. 2, no. 24, Deng Shi, 1918
7. *Shuang Jian Yi Ji Jin Tu Lu*, vol. 1, no. 36, Yu Xingwu, 1934
8. *Study on Inscriptions on Bronze Vessels from Zhuiyizhai*, vol. 21, p. 19, no. 1, Fang Junyi, 1935
9. *The Rubbings of Inscriptions on Bronze Vessels from Xiao Jiao Jin Ge*, vol. 6, p. 43, no. 2, Liu Tizhi, 1935
10. *The Collected Works of Inscriptions on Bronze Vessels from Three Dynasties*, vol. 16, p. 7, no. 4, Luo Zhenyu, 1937
11. *Inscriptions on Bronze Vessels of Yin and Zhou Dynasties*, vol. 14, no. 8443, China Book Company, 1994
12. *Illustrated Collection of Inscriptions on Bronze Vessels of Shang and Zhou Dynasties*, vol. 16, no. 8310, Wu Zhenfeng, Shanghai Ancient Books Publishing House, 2012

Provenance: 1. Chen Jieqi's collection
2. Yu Xingwu's collection

高：20.2cm

RMB: 800,000－1,200,000

著錄：1. 吳榮光《筠清館金文》卷一第十頁第二號，清道光二十二年（1842 年）。
2. 徐桐柏《從古堂款識學》卷十四第八頁，清光緒十二年（1886 年）。
3. 劉心源《奇觚室吉金文述》卷七第十八頁第二號，清光緒二十八年（1902 年）。
4. 羅振玉《殷文存》卷下第十八頁第六號，民國六年（1917 年）。
5. 吳大澂《愙齋集古錄》卷二二第十六頁第二號，民國七年（1918 年）。
6. 鄧實《簠齋吉金錄》卷二爵二四，民國七年（1918 年）。
7. 于省吾《雙劍誃吉金圖錄》卷上第三六，民國二十三年（1934 年）。
8. 方濬益《綴遺齋彝器款識考釋》卷二一第十九頁第一號，民國二十四年（1935）。
9. 劉體智《小校經閣金石文字拓本》卷六第四三頁第二號，民國二十四年（1935 年）。
10. 羅振玉《三代吉金文存》卷十六第七頁第四號，民國二十六年（1937 年）。
11.《殷周金文集成》第十四冊第八四四三號，中國社會科學院考古研究所編，中華書局，1994 年。
12. 吳鎮烽《商周青銅器銘文暨圖像集成》第十六冊第八三一零號，上海古籍出版社，2012 年。

遞藏：1. 陳介祺舊藏。
2. 于省吾舊藏。

966

西周中期・青銅獸體捲曲紋盤

賽克勒基金會編號

說明：青銅水器多用於盥洗，故又稱之為盥器。盥器可分為承水器、注水器、盛水器和挹水器四種，包括盤、匜、鑒、汲壺、浴缶等。盤為承水器，是宴前飯後要行沃盥之禮所用，《禮記・內則》載："進盥，少者奉槃，長者奉水，請沃盥，盥卒授巾。"沃盥時，用盉或匜澆水於手，用盤承接棄水。此青銅盤方唇口，淺腹下斂，對稱附耳。近平底，承以高圈足。腹外壁及圈足皆裝飾獸體捲曲紋帶。獸體捲曲紋每一個圖案的個體皆為彎曲的線條，有呈C形和S形，亦有橫S形，近乎捲曲回顧的龍，不辨首尾。此盤早年為美國藏家所有，後收入賽克勒基金會，器底有編號"V-215"，曾多次出版，并於歐美諸國展覽。

MID-WESTERN ZHOU DYNASTY A BRONZE WATER PLATE WITH CURLY PATTERN

Illustrated: 1. *Ancient Chinese Bronze Ritual Vessels*, slide presentation, Robert Pool, New York Literature and Art Press, 1968
2. *Research on Bronze Vessels of Yin and Zhou Dynasties: Overview of Bronze Vessels of Yin and Zhou Dynasties*, vol. 1, pl. 362, no. 42, Minao Hayashi, Yoshikawa Kobukan, 1984
3. *Western Zhou Ritual Bronzes from the Arthur M. Sackler Collections*, vol. 2-B, pp. 720-724, no. 122, Jessica Rawson, the Arthur M. Sackler Foundation, Sackler Museum and Harvard University Press, 1990

Literature: 4. *Rubbings and Hand Copies of Bronze Inscriptions Collected in China, Japan, Europe, America, Australia and New Zealand*, no. 1065, Barnard & Zhang Guangyu, Yee Wen Publishing Company, 1978

Exhibited: 5. 'Ancient Bronzes of the Eastern Eurasian Steppes from the Arthur M. Sackler Collections', Goulandris Museum of Cycladic and Ancient Greek Art, Athens, Greece (September 14, 2002); Poznan Archaelogical Museum, Poznan, Poland (January 29-April 18, 2004); National Archaelogical Museum of Florence, Florence, Italy (May 15-September 4, 2004); Dennos Museum Center, Northwestern Michigan College, Traverse City, Michigan (January 18-March 30, 2009)

Provenance: 1. Frank Caro's collection, New York, U.S., June 3, 1965
2. Elizabeth A. Sackler's collection, 1994
3. Arthur M. Sackler Foundation

高：14.5cm　帶耳寬：39.5cm

RMB: 1,500,000—2,500,000

出版：1. 羅伯特・普爾《古代中國的青銅禮器》，幻燈片講座，紐約文學藝術出版社，1968 年。
2. 林巳奈夫《殷周時代青銅器的研究 - 殷周青銅器綜覽（一）》圖版三六二頁盤第四二號，吉川弘文館，1984 年。
3. 傑西卡・羅森《賽克勒所藏西周青銅禮器》第二卷 B 冊，第一二二號，第七二零至七二四頁，賽克勒基金會、賽克勒博物館、哈佛大學出版，1990 年。

著錄：4. 巴納、張光裕《中日歐美澳紐所見所拓所摹金文彙編》第一零六五號，藝文印書館，1978 年。

展覽：5. "草原：東歐亞草原的古代青銅器 - 來自亞瑟・賽克勒基金會的藏品"，基克拉迪藝術博物館，希臘雅典，2002 年 9 月 14 日；波茲南考古博物館，波蘭波茲南，2004 年 1 月 29 日至 4 月 18 日；國家考古博物館，義大利佛羅倫斯，2004 年 5 月 15 日至 9 月 4 日；丹努斯博物館中心，西北密歇根學院，美國密歇根特拉弗斯城，2009 年 1 月 18 日至 3 月 30 日。

遞藏：1. 弗蘭克・卡洛（Frank Caro）舊藏，美國紐約，1965 年 6 月 3 日。
2. 伊莉莎白 A 賽克勒（Elizabeth A. Sackler）舊藏，1994 年。
3. 亞瑟 M 賽克勒基金會（Arthur M. Sackler Foundation）舊藏。

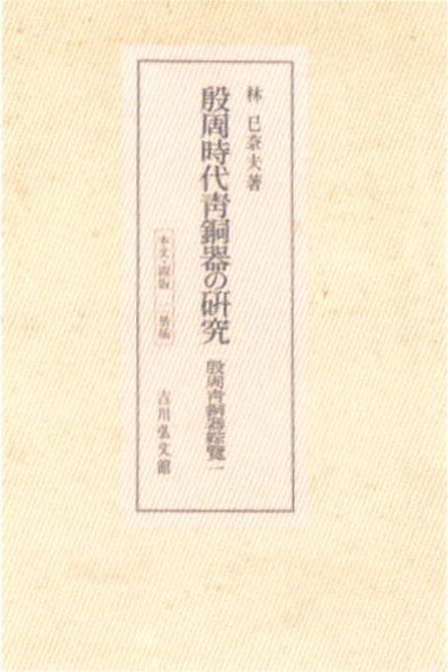

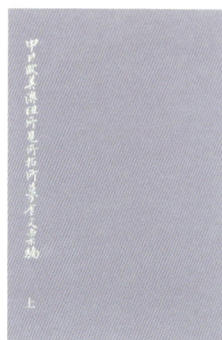

西周中期　青銅獸體捲曲紋盤

967

西周早期·青銅子父乙尊

銘文：子父乙。

說明：此青銅尊黑漆古皮殼，侈口長頸，腹部微微鼓起，略粗於頸，下承外撇高圈足。頸部與圈足近腹處，各裝飾兩條弦紋，其餘光素。腹部裝飾曲折角型獸面紋，獸面僅有浮雕五官，眉平、末端鉤，上連接曲折角。橢圓目，半環耳，花式鼻，闊口彎折，內現兩排鋒利的牙齒，屬變形的獸面紋。這種獸面只保留角、目、鼻、耳、爪等彼此各不相連的線條，多為素面，少數有地紋。獸面兩側下方，有轉頭回望的彎角龍紋。主紋之外，滿工以細密的雲雷紋填充。圈足內側，有銘文"子父乙"三字，為簡式祭辭。

《說文》云："尊，酒器也。從酋廾，以奉之。"現今所稱的尊，指高體的大型或中型容酒器，乃沿用宋代定名。尊的形體可分為有肩大口尊、鳥獸尊和觚形尊三大類。觚形尊，又稱大口筒形尊，在商代晚期後段到西周早期乃至中期流行，春秋晚期又有短暫的復興。本件即為西周初年觚形尊典型器。

EARLY WESTERN ZHOU DYNASTY A BRONZE VESSEL, *ZUN*

Provenance: Private Japanese collection, before the World War II

高：25.1cm

RMB: 800,000－1,200,000

遞藏：二戰以前日本藏家舊藏。

西周早期　青銅子父乙尊

商晚期 青銅獸面紋鬲鼎

968

商晚期·青銅獸面紋鬲鼎

說明：鬲鼎俗稱分襠鼎，是鼎和鬲的混合體，上部似鼎，下腹似鬲，但又承一段較長的錐足或柱足，不完全和袋足的鬲相同。商代早期出現鬲鼎，到商晚期發展壯大。西周早期，鬲鼎的分襠已十分模糊，器型蛻化，與鼎不分。

此件商晚期鬲鼎熟皮殼，顯已歷久傳世。方唇口，上有立耳。束頸略高，下有三個袋狀腹，每一腹下有柱足。整器採用三層花技法裝飾，頸部六出脊，每段空隙中有三個橫向蠶紋，以出脊為軸對稱分佈，輔以雲雷地紋。商代蟬紋沒有翅翼，有未成蟲和成蟲兩種形式，因長方外形，橫豎都可安置。在商末周初的青銅器上，一般作為次要的紋飾，如鼎的腹部蟬紋可直置，並在蟬紋外圍作倒三角圖案，稱為三角蟬紋。在觚的脰部、壺的圈足、卣的提樑，則用橫置的形式排列，蟬多為成蟲有二足或四足。

三個袋狀腹有三出脊，以此為鼻基裝飾羊角型獸面紋。羊角型獸面紋實體是羊頭，角根上翹向下內捲，猶如四羊方尊的平面圖。這種角型的獸面紋，具有羊蹄的很少，大多是鋒利的獸爪。此獸面雙角粗壯有力，佈滿條條紋理，獸爪彎垂，猙獰瑰麗。這種獸面在已知青銅器上出現甚少，極為珍貴。

LATE SHANG DYNASTY A BRONZE FOOD VESSEL WITH BEAST PATTERN, *LIDING*

Provenance: 1.C. T. Loo's collection
2.Previously collected by Jacques René Chirac, former French President

高：20.6cm

RMB: 3,500,000—5,000,000

遞藏：1. 盧芹齋（C.T.Loo）舊藏。
2. 法國前總統希拉克（ Jacques René Chirac）舊藏。

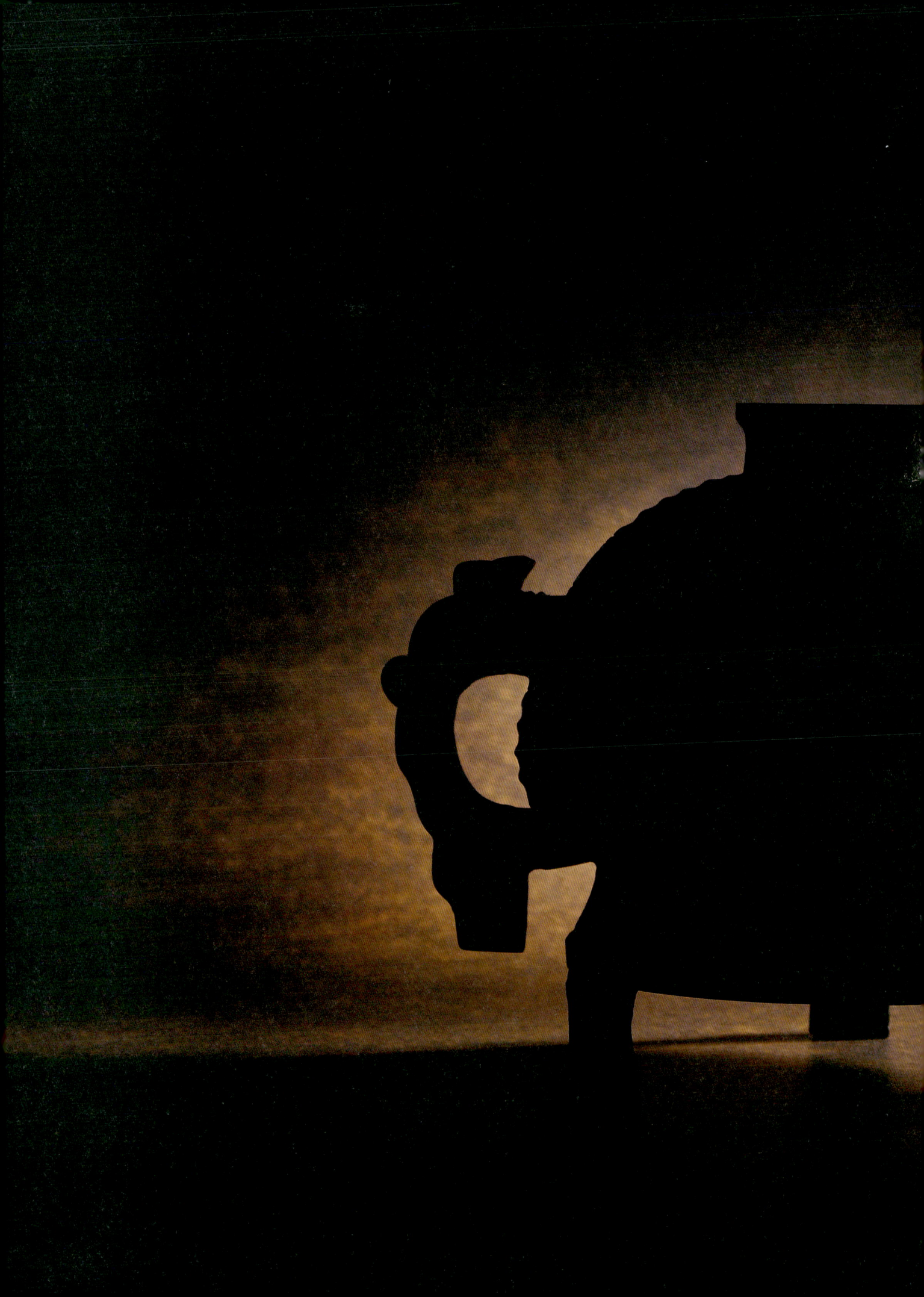

西周晚期 青銅史頌簋

寶彝穆穆　永遺子孫

——西周史頌簋賞析

史頌簋為西周晚期重要青銅禮器，銘文六十三字，記錄周王命史頌省視蘇國之事。本次拍賣的史頌簋出版於《流散歐美殷周有銘青銅器集錄》、《商周青銅器銘文暨圖像集成》。現存蓋、器完備的史頌簋共計四件，三器分歸上海博物館、日本書道博物館和日本出光美術館。本件是青銅市場中流通的唯一全器，故彌足珍貴。

史頌簋為弇口寬體大耳虎足式，高 27.8 釐米，帶耳最大寬 40.7 釐米，蓋器吻合，渾然一體。蓋隆，上有圓形抓手鈕；鈕開兩孔，上部微侈，起方折唇口，可倒置為足。鈕內裝飾一鳥紋，圓目突出，尖鉤喙，雙翅拉伸成帶狀，一內一外環繞頭部，填以鱗紋。器口有內圈，斂口，腹部闊而垂扁，對稱雙環耳。器底有高圈足外撇，下複承三方柱足。蓋緣及器頸裝飾獸體捲曲紋，此紋飾個體為彎曲的線條，呈 C 形或 S 形，近乎捲曲回顧的龍，但不辨首尾。蓋體和器腹裝飾橫條紋，舊稱溝紋或瓦紋，初見於西周中期，盛行於西周中晚期。環耳上圓雕龍首，狹目捲吻，頭頂其三板狀角。耳為龍身，耳垂鉤而成尾。圈足飾一周雙重蓮瓣紋，方柱足上浮雕虎頭型龍紋，中部收，下略寬，似獸蹄。

整器器型、紋飾，屬典型的西周晚期前段器。此類器型於西周中期晚段出現，代表器有陝西扶風齊村所出中友父簋。該器蓋、身與本件接近，紋樣裝飾部位相同，但兩耳和三足不甚發達，獸體捲曲紋保留目紋。著名的師寰簋為西周晚期宣王器，是本類簋的成熟型：蓋已有突折之勢，耳上龍首及三虎足更為張揚，圖案越發繁複。本件器身、紋飾近於前者，耳、足裝飾偏於後者，年代居二者之間。

史頌簋蓋、器對銘，皆六行六十三字，文曰：

隹三年五月丁巳，王在宗周，令“史頌徣穌，灋友里君、百生，師隅盩于成周。”休又成事，穌賓章、馬四匹、吉金，用乍䵼彝。頌其萬年無疆，日遅天子覭令，子子孫孫永寶用。

郭沫若《兩周金文辭大系圖錄考釋》及陳夢家《西周銅器斷代》中對此篇銘文已有詳考。依兩家之說，略釋文意。丁巳之“巳”寫作“子”，甲骨、金文皆有此例。“徣”即“省”，為省問、省察。“灋”通“薦”，假借為“存”，意恤問。“友里君”釋為“庶里君”。“師”意為聚而教導；“隅”假“偶”，意“類”，指徒輩之類，“盩”與“醜”同音假借，“隅盩”即“類醜”，是為奴婢。“成周”位於今洛陽。“穌”即“蘇忿生”之“蘇”，《左傳》成公十一年有“劉子單子曰昔周克商，使諸侯撫封，蘇忿生以溫為司寇”，即《尚書·立政》之“司寇蘇公”。溫位於今河南溫縣，地近成周。“章”為“璋”，玉禮器。“遅”意光大顯揚，“覭”與“顯”意近。

銘文大意為：周王在位第三年的五月丁巳日，王在成周命史官頌省視蘇國，恤問當地的里君、百姓，並聚教其奴婢。頌得到蘇國所贈玉璋、四匹馬和吉金，於是製作此青銅禮器。頌萬分感念周王恩德，令子子孫孫永遠紀念。

傳世另有頌鼎與頌壺，陳夢家推測此二為頌未任史官之器。頌鼎銘文作“隹三年五月既死霸甲戌”，而史頌器皆言“隹王三年五月丁巳”，“甲戌”和“丁巳”兩干支記日不能同在一月，因此頌器與史頌器分屬兩代周王。陳將頌器斷為周夷王時期，故稍晚的史頌器即歸為周厲王時器。

史頌簋線描圖像及銘文最早著錄於乾隆年間御製的《西清古鑒》。清中、晚期以來，劉喜海《清愛堂家藏鐘鼎彝器款識法帖》、吳榮光《筠清館金文》、吳雲《兩罍軒彝器圖釋》、吳式芬《攈古錄金文》和吳大澂《愙齋集古錄》等諸多金石之作都著錄有史頌簋銘。《商周青銅器銘文暨圖像集成》收錄有史頌器計鼎二件，簋九件，簠、匜、盤各一件。簠銘文六字，為“史頌作簠，永寶。”匜銘文十四字，為“史頌作匜，其萬年子子孫孫永寶用”；盤銘文亦十四字，為“史頌作盤，其萬年子子孫孫永寶用。”史頌鼎與史頌簋銘文一致，皆為六行六十三字，個別字結構略有差異。

《商周青銅器銘文暨圖像集成》所載的九件史頌簋，有些已不知所蹤，如《西清古鑒》著錄器線描繪製，不知對應今日何件。一些僅部分留存，如台北故宮博物館藏器缺蓋；上海博物館存有一器蓋，陳承裘亦藏有一蓋。目前所知器蓋齊備的史頌簋共四件，即上海博物館、日本書道博物館、日本出光美術館和 1998 年 11 月 18 日紐約蘇富比拍賣行各一件，本件即蘇富比拍賣所出。

史頌簋是西周晚期斷代標準器，造型敦厚大氣，文字規整秀美，極具藝術價值和歷史文獻價值，是青銅收藏之佳選。

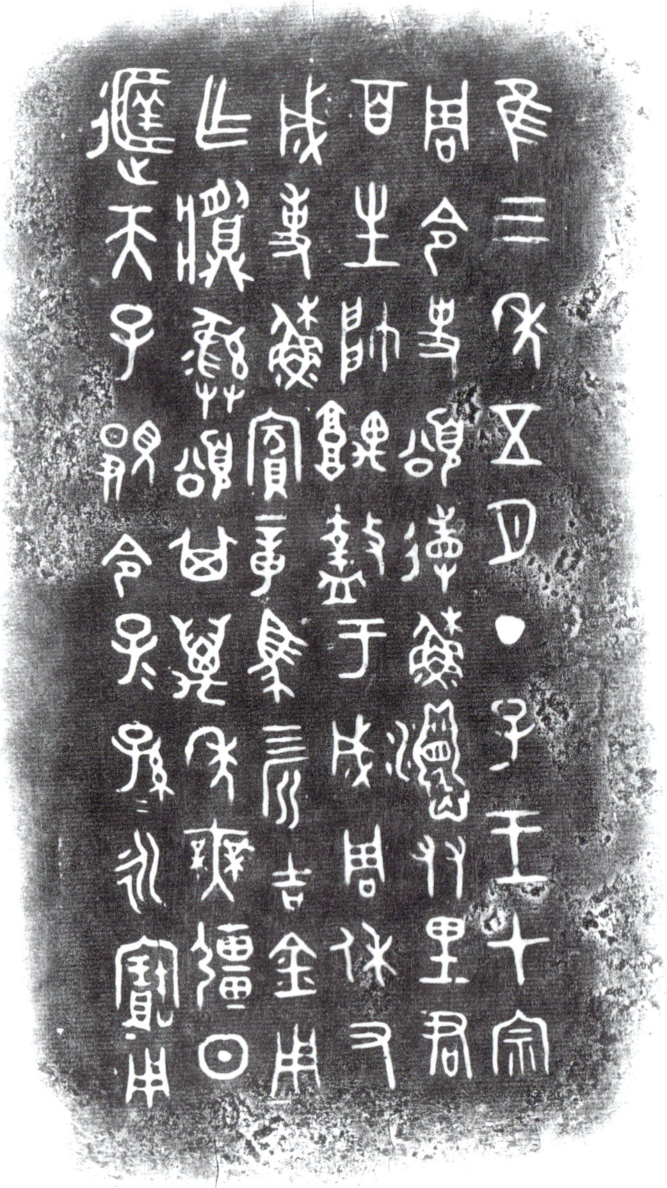

器銘

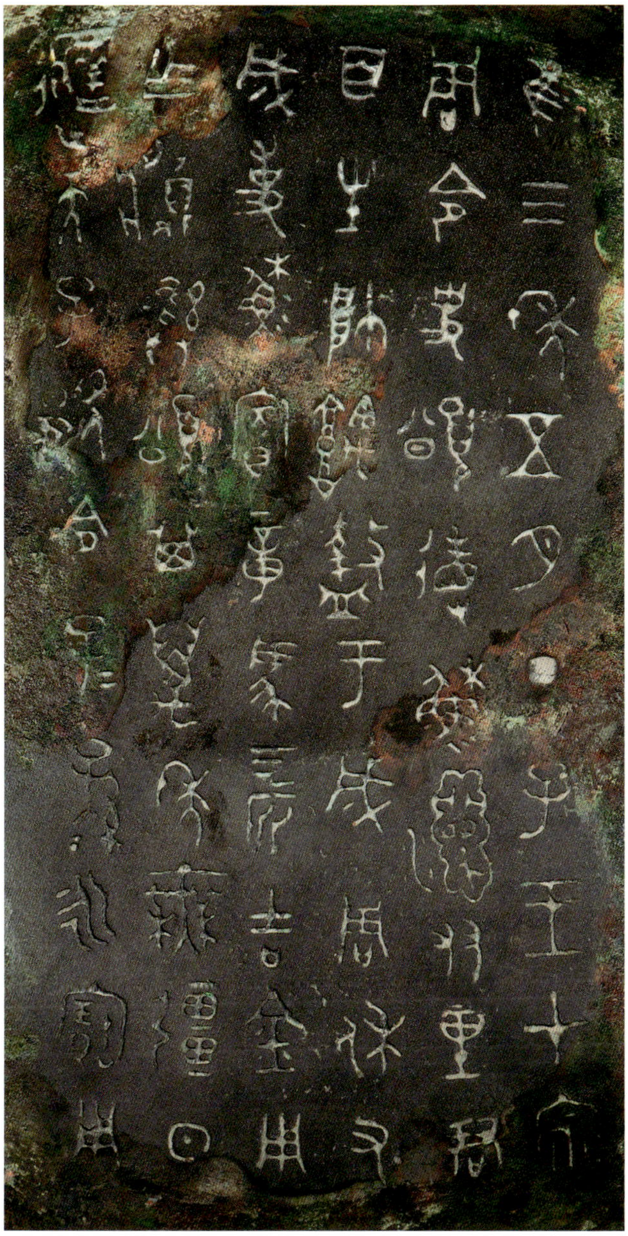

蓋銘

969

西周晚期・青銅史頌簋

銘文：隹三年五月丁巳，王在宗周，令"史頌徫穌，灋友里君、百生，師隅盩于成周。"休又成事，穌賓章、馬四匹、吉金，用乍䵼彝。頌其萬年無疆，日逞天子𩖵令，子子孫孫永寶用。

LATE WESTERN ZHOU DYNASTY A BRONZE VESSEL, *GUI*

Illustrated: 1. Lot 806, Sotheby's New York, November 18, 1998
2. *A Selection of Early Chinese Bronzes with Inscriptions from Sotheby's and Christie's Sales*, p. 113, Shanghai Lexicographical Publishing House, 2007
3. *Illustrated Collection of Inscriptions on Bronze Vessels of Shang and Zhou Dynasties*, vol. 11, no. 5264, Wu Zhenfeng, Shanghai Ancient Books Publishing House, 2012

高：27.8cm

RMB: 8,000,000－15,000,000

出版：1. 紐約蘇富比拍賣行第八零六號拍品，1998 年 11 月 18 日。
2. 劉雨、汪濤《流散歐美殷周有銘青銅器集錄》第一一三頁，上海辭書出版社，2007 年。
3. 吳鎮烽《商周青銅器銘文暨圖像集成》第十一冊第五二六四號，上海古籍出版社，2012 年。

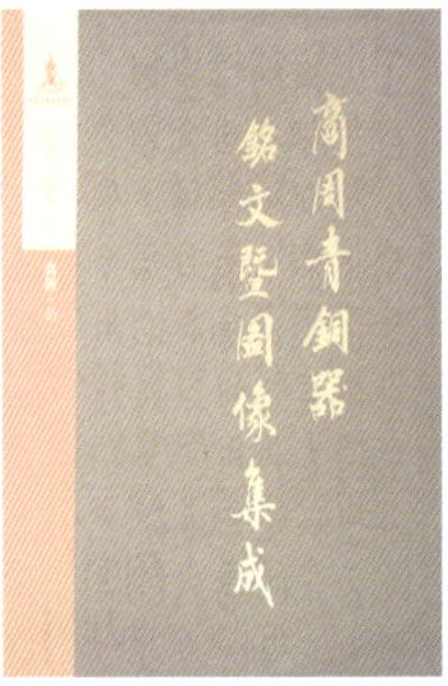

西周晚期
青銅史頌簋

970

西周中期·青銅獸體變形紋簋

說明：西周時期，簋是重要的禮器，在祭祀和宴饗時與鼎一起配合使用。這一階段簋數量甚多，早期沿用商式，中期變化較大，式樣繁多，晚期趨於定型化。此件青銅簋為弇口鼓腹雙耳三足式，蓋隆起，上有外侈的圈鈕。腹口內收，垂圓鼓腹，對稱獸環耳；底有外撇圈足，承以三柱足。蓋緣、肩部、圈足皆裝飾獸體捲曲紋，這類紋飾自西周中期開始出現，一直延續至春秋戰國。其為動物軀體組成的各種圖案，頭部省略，體軀隨圖案而變形。獸體捲曲紋舊稱蟠虺紋，乃兩種紋飾相似之誤。蟠虺紋是頭尾可辨的小蛇，獸體捲曲紋則不分首尾，僅突出體軀。簋腹下方，裝飾橫條紋，舊稱平行線紋、溝紋、瓦紋，為寬闊的橫條作突起或凹陷的槽，初見於西周中期，盛行於西周中晚期。兩耳圓雕獸首，虎面上有螺旋雙角，口中銜環。柱足上亦設螺旋角虎面，下為獸蹄足。依整器的器型、紋飾，可斷為西周中期晚段器。

MID-WESTERN ZHOU DYNASTY A BRONZE VESSEL WITH BEAST PATTERN, *GUI*

Illustrated: 1. *Tradition, Phase and Style of Shang and Chou Bronze Vessels*, pl. 21, Katheryn M. Linduff, 1979

Exhibited: 2. 'Neolithic to Ming, Chinese Objects-The Myron S. Falk Collection', no. 6, Smith College Museum of Art, Northampton, Massachusetts, 1957

3. 'Arts of the Chou Dynasty', no. 43, Palo Alto, Stanford University Museum, California, 1958

4. 'Ritual Vessels of Bronze Age China', no. 60, Asia House Gallery & The Asia Society, New York, 1968

5. 'Ancient Chinese Bronzes', no. 19, China House Gallery & China Institute in America, New York, 1991

Provenance: 1. James Sax Plaut's collection, 1937

2. Myron S. Falk's collection, before 1940

3. Lot 167, The Falk Collection I: Chinese Ceramics and Works of Art Sale, Christie's New York, September 20, 2001

高：23cm

RMB: 800,000—1,000,000

出版：1. 凱瑟琳·麥考利斯特·林德夫（林嘉琳 Katheryn McAllister Linduff）《商周青銅器的傳統、階段和風格》圖版第二一號，1979 年。

展覽：2.“從新石器時代到明代的中國珍品——麥隆·法爾克收藏”第六號，史密斯學院藝術博物館，北安普頓、馬薩諸塞州，1957 年。

3.“周代藝術”第四三號，斯坦福大學博物館，帕羅奧圖，加利福尼亞州，1958 年。

4.“中國青銅禮器”第六十號，亞洲畫廊，亞洲協會，紐約，1968 年。

5.“中國古代青銅器”第十九號，中國畫廊，華美協進社，紐約，1991 年。

遞藏：1. 詹姆斯·薩克斯·普勞特（James Sax Plaut）（1912 ～ 1996）收於北京，1937 年。

2. 麥隆·法爾克（Myron S. Falk）（1906 ～ 1992）得於 1940 年前。

3. 紐約佳士得《法爾克收藏 1: 中國陶瓷及工藝珍品》第一六七號，2001 年 9 月 20 日。

青銅獸體變形紋簋

971

西周早期·青銅傳尊

銘文：傳乍父戊寶尊彝，亞牧。

說明：此件青銅傳尊為陳介祺舊藏，吳式芬《攈古録》卷二記載："山東濰縣陳氏藏，得於青州"，自清代中期面世以來屢見著録。尊侈口，長頸，圓鼓腹，高圈足，為商末周初流行的觚形尊。頸部及圈足近腹處，各有弦紋兩條。腹部裝飾內捲角型獸面紋，獸面雙角甚大，縱向占腹部紋飾一半。鼻基線隆起，額飾華麗。臣字目，口張露獠牙。身軀向兩側展開，尾部上翹內捲，身下作一爪足。主紋以陽紋粗線構成，其餘輔以細密的雲雷地紋。器腹內底作銘文"傳乍父戊寶尊彝，亞牧"九字，屬繁式祭辭，多出現於西周早期至西周中期。傳為作器者私名，父戊為祭祀對象，亞牧為族名。整器傳世熟坑，色澤淡綠，頗為別緻。

EARLY WESTERN ZHOU DYNASTY　A BRONZE VESSEL, *ZUN*

Literature: 1. *Research on Marks on Ancient Bronze Vessels*, vol. 13, p. 21, Xu Tongbai, 1886
2. *Collection of Ancient Inscriptions*, part. 2, vol. 1, p. 36, no. 4, Wu Shifen, 1895
3. *Collection of Inscriptions from Qihushi*, vol. 5, p. 9, no. 1, Liu Xinyuan, 1902
4. *Jun Gu Lu*, vol. 2, p. 12, Wu Shifeng, 1910
5. *Collection of Inscriptions from Yin Dynasty*, vol. 1, p. 26, no. 5, 1917
6. *Fu Zhai Ji Jin Lu*, vol. 1, no. 4, Deng Shi, 1918
7. *Ke Zhai Ji Gu Lu*, vol. 19, p. 6, no. 2, Wu Dacheng, 1918
8. *The Rubbings of Inscriptions on Bronze Vessels from Xiao Jiao Jin Ge*, vol. 5, p. 28, no. 3, Liu Tizhi, 1935
9. *Study on Inscriptions on Bronze Vessels from Zhuiyizhai*, vol. 18, p. 3, no. 1, Fang Junyi, 1935
10. *The Collected Works of Inscriptions on Bronze Vessels from Three Dynasties*, vol. 11, p. 29, no. 6, Luo Zhenyu, 1937
11. *Collection of Inscriptions on Bronze Vessels from Shandong*, p. 14, no. 2, Zeng Yigong, 1940
12. *Inscriptions on Bronze Vessels of Yin and Zhou Dynasties*, vol. 11, no. 05925, China Book Company, 1994
13. *A Selection of Early Chinese Bronzes with Inscriptions from Sotheby's and Christie's Sales*, no. 163, Shanghai Lexicographical Publishing House, 2007
14. *Illustrated Collection of Inscriptions on Bronze Vessels of Shang and Zhou Dynasties*, vol. 21, no. 11697, Wu Zhenfeng, Shanghai Ancient Books Publishing House, 2012

Provenance: Chen Jieqi's collection

高：20.7cm

RMB: 1,900,000—2,500,000

著録：1. 徐同柏《從古堂款識學》卷十三第二一頁，清光緒十二年（1886年）。
2. 吳式芬《攈古録金文》卷二第一冊第三六頁第四號，清光緒二十一年（1895年）。
3. 劉心源《奇觚室吉金文述》卷五第九頁第一號，清光緒二十八年（1902年）。
4. 吳式芬《攈古録》卷二第十二頁，清宣統二年（1910年）。
5. 羅振玉《殷文存》卷上第二六頁第五號，民國六年（1917年）。
6. 鄧實《簠齋吉金録》卷一尊四，民國七年（1918年）。
7. 吳大澂《愙齋集古録》卷十九第六頁第二號，民國七年（1918年）。
8. 劉體智《小校經閣金石文字拓本》卷五第二八頁第三號，民國二十四年（1935年）。
9. 方濬益《綴遺齋彝器款識考釋》卷十八第三頁第一號，民國二十四年（1935年）。
10. 羅振玉《三代吉金文存》卷十一第二九頁第六號，民國二十六年（1937年）。
11. 曾毅公《山東金文集存》坿第十四頁第二號，民國二十九年（1940年）。
12.《殷周金文集成》第十一冊，第零五九二五號，中國社會科學院考古研究所編，中華書局，1994年。
13. 劉雨、汪濤編《流散歐美殷周有銘青銅器集録》第一六三號，上海辭書出版社，2007年。
14. 吳鎮烽《商周青銅器銘文暨圖像集成》第二一冊第一一六九七號，上海古籍出版社，2012年。

遞藏：陳介祺舊藏。

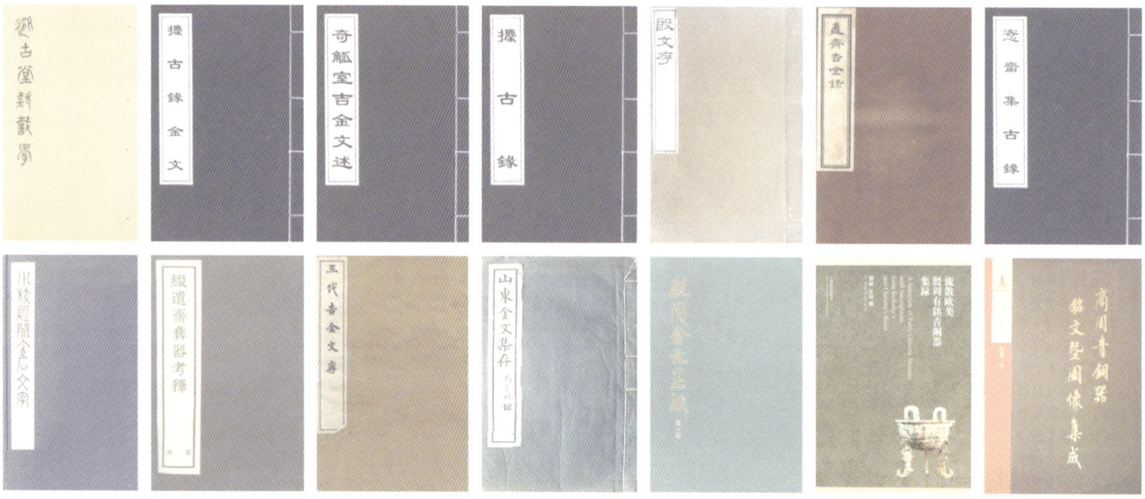

西周早期 青銅傳尊

972

商晚期・青銅庚卣

銘文：1. 庚。

2. 庚。

說明：卣是盛酒器，文獻中《尚書・洛誥》有："以秬鬯二卣。"《詩經・大雅・江漢》云："秬鬯一卣。" 銅器銘文中，盂鼎銘："錫汝鬯一卣。" 可見卣是專門盛放秬鬯的祭器。古籍對卣的器型未有記載。《周禮・春官・鬯人》記："廟用脩。" 脩讀為卣，鄭玄注："中尊，謂獻象之屬。" 這種模糊的解釋表明漢儒對古代卣的形象即已無法明確。現在所稱的卣之定名沿用宋人。卣出現在商代晚期，流行至西周早期，形式多種多樣，多為扁圓體，亦有圓體、方體及筒形體。此件卣平面扁體，隆蓋，菌形鈕，蓋緣折，下部收束。器口有內圈口，頸設雙環耳，連接提樑；垂鼓腹，下有高圈足外撇，承以加高的邊條。蓋鈕特殊，縱向起線，形似瓜楞，橫向有平行弧紋有序排列。蓋緣一圈作獸體變形紋，以雲雷紋構成，唯有圓目突出。頸部一周，上下有圈紋帶分割，中部浮雕尖角龍首，兩側以此對稱作尖角爬行龍紋。圈足有弦紋兩條，提樑呈繩索狀。蓋、器上下對銘，皆有"庚"字，屬徽記。依器型、紋飾及銘文斷為商晚期器。

LATE SHANG DYNASTY A BRONZE VESSEL, *YOU*

帶樑高：31cm

RMB: 1,000,000—1,800,000

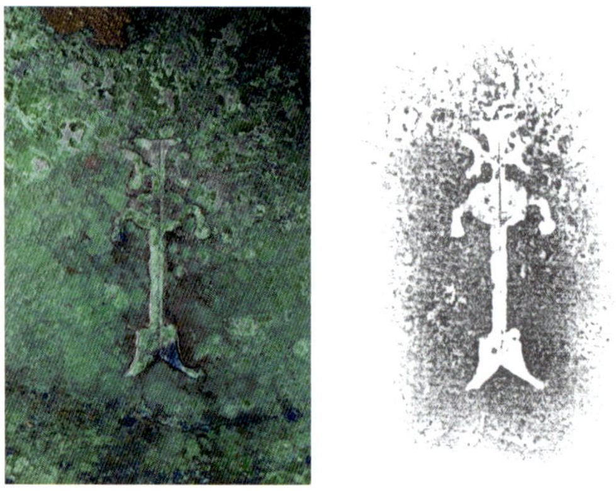

蓋銘

器銘

商晚期　青銅庚卣

973

西周早期・青銅伯弘簋

銘文：伯弘作寶簋。

說明：此青銅簋圓唇，侈口，短頸微收，深腹，下承高圈足，圈足下有加高的邊條。腹身對稱環耳，下有鉤角的耳垂。腹部中部兩出脊，以此為鼻基，裝飾大型內捲角獸面紋，三層花技法裝飾。獸面角甚為華麗，縱向占面部的一半以上，外側有花式鰭。臣字目，內有圓瞳突起。獸面之外有細密的雲雷紋地。圈足亦兩出脊，對稱裝飾彎角爬行龍紋，輔以雲雷地紋。內底鑄有“伯弘作寶簋”五字銘文。此件紋飾頗有西周昭穆二王時期華麗鳳紋風格，當為西周早期晚段器。上海博物館藏有西周中期前段伯弘父盨，對比銘文，字體風格相近，當為同一人。

EARLY WESTERN ZHOU DYNASTY A BRONZE VESSEL, *GUI*

Provenance: J. J. Lally's collection, New York, U.S.

高：14.3cm

RMB: 1,800,000—2,800,000

遞藏：美國紐約蘭捷里（J.J.Lally）收藏。

西周早期　青銅伯弘簋

974

商晚期・青銅獸面紋鬲

說明：此青銅鬲方唇口，雙立耳，束頸，下有三個袋形腹，腹下直連柱足。兩耳作繩索狀，頸部有三條矮出脊，以此為鼻基線裝飾環柱角型獸面紋。獸面軀體拉長，填充雲雷紋。每個袋形腹上各有一個外捲角型獸面紋，雙目和上吻突出，粗線勾勒面部，輔以雲雷地紋。鬲是飲粥器，《爾雅・釋器》指款足鼎謂之鬲，《漢書・郊祀志》謂鬲是空足鼎。青銅鬲最早出現在商代早期，大口，袋形腹，下有三個較短的錐形足。袋形腹的作用主要是為了擴大受火面積，較快地煮熟食物。在商代晚期以後，袋腹逐漸蛻化，且多數青銅鬲有精美的花紋，不宜火烤，當為盛粥器。商代鬲的耳與足有兩種配列形式，一種是一耳與一足成直線，另一耳在兩足之間，平面上成耳足四點配列式；一種是兩耳在兩足之側，形成耳足五點配列式。前者在商早期及中期最為普遍，後者則流行於商晚期及西周時期。本件器型、紋飾即典型商晚期器。

LATE SHANG DYNASTY A BRONZE VESSEL WITH BEAST PATTERN, *LI*

Provenance: Private Japanese collection

高：21.5cm

RMB: 800,000－1,200,000

遞藏：日本藏家舊藏。

975

商晚期・青銅獸面紋鬲鼎

說明：此商晚期鬲鼎方唇口，上設對稱立耳。頸部略收，直連三袋形腹，每個腹底承以柱足。頸部一周，裝飾獸體變形紋，核心作一獸目，身體向兩側斜出，皆呈三角形。獸體變形紋是動物軀體組成的各種圖案，頭部省略，體軀隨圖案而變形，成為波曲紋、鱗紋、蕉葉紋、羽翅紋等。三個袋形腹上裝飾牛角型獸面紋，牛角、瞳仁突出，面部粗線構成，輔以雲雷地紋。牛角型獸面紋似實際的水牛角，角根橫向，角尖上翹而微微內捲，有的具向兩側展開的體軀，可認作牛紋，但多數作利爪和獠牙，故依然是獸面紋。牛角型獸面紋出現較少，十分難得。

LATE SHANG DYNASTY A BRONZE VESSEL WITH BEAST PATTERN, *LIDING*

高：22.3cm

RMB: 1,000,000－1,500,000

976

商晚期・青銅告田父乙提樑壺

銘文：1. 告田父乙。
　　　2. 告田父乙。

說明：《周禮・秋官・掌客》有：“壺四十。”鄭玄注：“壺，酒器也。”許多青銅壺自帶銘文，如曾伯陭壺銘：“用自作醴壺。”也有自言用途，殳季良父壺銘：“用盛旨酒。”金文中的“壺”字本為象形，似兩側有系的大腹容器。青銅壺自商代早期出現，一直延續到東漢甚至更晚，式樣繁多，種類龐雜。

此件青銅壺為圓體寬長頸鼓腹提樑式，蓋、頸平面正圓，腹、足轉為扁圓。半球狀隆蓋，上有外侈的圈鈕。蓋下有內圈，插入壺頸。頸部闊而長，垂鼓腹，下連外撇的高圈足。頸部對稱兩半環，用以連接彎曲過蓋的提樑。蓋部近緣處有紋飾帶，上有弦紋一條，下部有兩出脊。以出脊為中線，對稱裝飾長鼻獸紋。獸首圓目突出，上置環柱角，長鼻前伸，向上復又回捲。身軀修長，上有排列整齊的鰭，下有足，尾部上翻。頸部亦有紋飾帶，上下各一排圈紋。兩條豎直出脊，以此為鼻基，作兩環柱角獸面紋，獸體、獸足皆由雲雷紋構成。圈足作兩道平行弦紋，器身其餘部分光素。提樑呈交纏的繩索狀，末端兩環對向有一突觸，使提樑在一定幅度擺動，不致垂落碰撞壺腹，設計巧妙。壺蓋內和圈足內有銘文“告田父乙”，為簡式祭辭。依器型、紋飾和銘文，斷為商代晚期器。

LATE SHANG DYNASTY A BRONZE POT WITH HANDLES

帶提樑高：36.5cm

RMB: 900,000－1,300,000

蓋銘

器銘

商晚期　青銅告田父乙提梁壺

977

商晚期・青銅父癸隹觚

銘文：父癸隹。

說明：此件青銅觚大侈口，頸部向下收，頸部下端與腹部直徑基本相同，高圈足，下有狹邊。頸部以四條焦葉紋裝飾，內部填充細密精緻的雲雷紋。頸部下端裝飾蛇紋一周，蛇有突出的雙目，身軀簡練彎折，尾部上卷。這種形象的蛇紋最初出現在商代中晚期，舊稱蠶紋。觚腹部裝飾兩內卷角獸面紋，有四條棱脊，兩個為鼻基線，兩個作分界。腹、足之間有“十”字孔，只留其形，不貫穿。圈足上方裝飾尖角龍紋，下方主體作曲折角獸面紋，與腹身相同，亦有四條棱脊。圈足內側有銘文“父癸隹”，父癸是祭祀對象，隹即族名。裝飾紋飾中的獸面、蛇紋、龍紋，只突出獸目，身軀保留輪廓，內部皆以雲雷紋填充，這在商晚期形成一種風格。通過器型、紋飾判斷，為商代晚期中段、殷墟三期器。

LATE SHANG DYNASTY A BRONZE VESSEL, *GU*

Illustrated: *Fine Bronze Vessels from Various Chinese Dynasties*, pp. 20-21, Osaka Art Club, 2004

高：33cm

RMB: 400,000—600,000

出版：《中國王朝的粹》第二十至二一頁，大阪美術俱樂部，平成十六年（2004 年）。

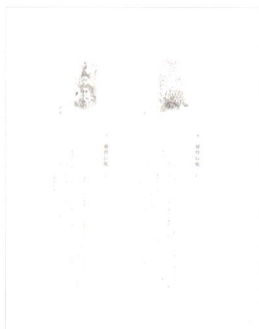

商晚期　青銅父癸隹觚

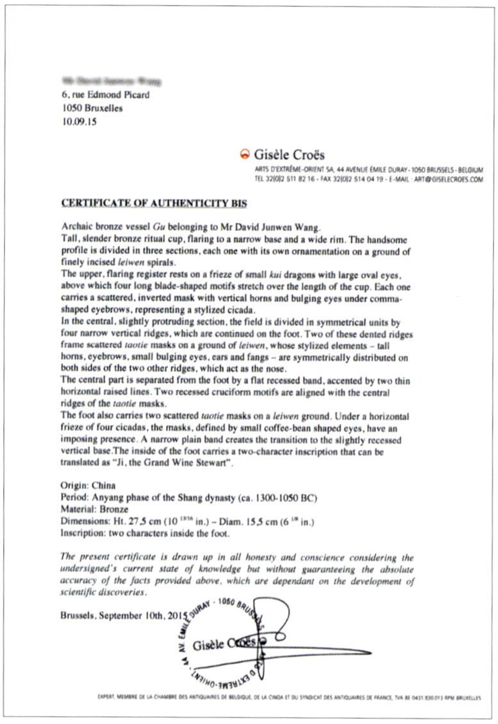

6, rue Edmond Picard
1050 Bruxelles
10.09.15

Gisèle Croës
ARTS D'EXTRÊME-ORIENT SA, 44 AVENUE ÉMILE DURAY - 1050 BRUSSELS - BELGIUM
TEL 32(0)2 511 82 16 - FAX 32(0)2 514 04 19 - E-MAIL : ART@GISELECROES.COM

CERTIFICATE OF AUTHENTICITY BIS

Archaic bronze vessel *Gu* belonging to Mr David Junwen Wang.
Tall, slender bronze ritual cup, flaring to a narrow base and a wide rim. The handsome profile is divided in three sections, each one with its own ornamentation on a ground of finely incised *leiwen* spirals.
The upper, flaring register rests on a frieze of small *kui* dragons with large oval eyes, above which four long blade-shaped motifs stretch over the length of the cup. Each one carries a scattered, inverted mask with vertical horns and bulging eyes under comma-shaped eyebrows, representing a stylized cicada.
In the central, slightly protruding section, the field is divided in symmetrical units by four narrow vertical ridges, which are continued on the foot. Two of these dented ridges frame scattered *taotie* masks on a ground of *leiwen*, whose stylized elements – tall horns, eyebrows, small bulging eyes, ears and fangs – are symmetrically distributed on both sides of the two other ridges, which act as the nose.
The central part is separated from the foot by a flat recessed band, accented by two thin horizontal raised lines. Two recessed cruciform motifs are aligned with the central ridges of the *taotie* masks.
The foot also carries two scattered *taotie* masks on a *leiwen* ground. Under a horizontal frieze of four cicadas, the masks, defined by small coffee-bean shaped eyes, have an imposing presence. A narrow plain band creates the transition to the slightly recessed vertical base.The inside of the foot carries a two-character inscription that can be translated as "Ji, the Grand Wine Stewart".

Origin: China
Period: Anyang phase of the Shang dynasty (ca. 1300-1050 BC)
Material: Bronze
Dimensions: Ht. 27.5 cm (10 13/16 in.) – Diam. 15.5 cm (6 1/8 in.)
Inscription: two characters inside the foot.

The present certificate is drawn up in all honesty and conscience considering the undersigned's current state of knowledge but without guaranteeing the absolute accuracy of the facts provided above, which are dependant on the development of scientific discoveries.

Brussels, September 10th, 2015

EXPERT, MEMBRE DE LA CHAMBRE DES ANTIQUAIRES DE BELGIQUE, DE LA CINOA ET DU SYNDICAT DES ANTIQUAIRES DE FRANCE, TVA BE 0431.930.013 RPM BRUXELLES

比利時吉賽爾・克勞斯（Gisèle Croës）證明書

978

商晚期・青銅酉己觚

銘文：酉己。

說明：青銅觚從商代早期開始出現，至商晚期器型不斷變細加高，頸部腹部逐漸收束，兩者直徑趨於一致。裝飾紋樣則從早期的簡單，到中期的古樸，再到頂峰時期的具象繁密，至此開始抽象圖案化。此件青銅觚敞口，細長頸，腹部略微鼓起，高圈足外撇，下方有一週寬邊。頸部上有四條蕉葉紋，其內浮雕獸體變形紋；頸部下方有獸目交連紋，皆填以雲雷紋地。腹部四條出脊劃分四個區域，各有一龍紋，以出脊為基線兩兩對稱。龍圓目，頭頂彎角，頭下尾上，輔以雲雷紋地。足部上方亦有弦紋兩條，設不穿的"十"字孔。圈足上亦四出脊，上層裝飾橫向的蟬紋，下層每個區域裝飾環柱角型龍紋。龍僅有目突出，其餘部分和地紋融為一體，充滿雲雷紋。圈足內有銘文"酉己"，為簡式祭辭。整件風格為殷墟三期器。

LATE SHANG DYNASTY A BRONZE VESSEL, *GU*

Note: Attached is a certificate of authenticity.

Provenance: Gisèle Croës's collection

高：27.5cm

RMB: 300,000－500,000

遞藏：比利時青銅女王吉賽爾・克勞斯（Gisèle Croës）舊藏，附帶證明。

979

商晚期・青銅斧□癸觚

銘文：斧口癸。

說明：此觚甚高，在同類中為大者。頸部侈口，裝飾蕉葉紋，內部填充獸體變形紋，獸體依稀可見倒置的雙目、眉、內捲角。頸部下方裝飾一周蛇紋，頭部較寬大，有一雙突出的眼睛，曲折形的軀體有鱗節，尾部上捲，這種紋飾舊稱蠶紋。蛇紋出現在商代中晚期，大多排列成帶狀。腹部有四條出脊，兩條為鼻基，裝飾內捲角型獸面紋，兩條為分界線。高圈足外撇，上部有弦紋兩條，下部四出脊。圈足主紋上作爬行龍紋，下作曲折角型獸面紋。內有銘文“斧口癸”，為祭辭。此觚藏六舊藏，配日本木盒。

LATE SHANG DYNASTY A BRONZE FLOWER HOLDER, *GU*

Provenance: Zoroku's collection, Japan

高：33cm

RMB: 800,000－1,000,000

遞藏：日本藏六舊藏。

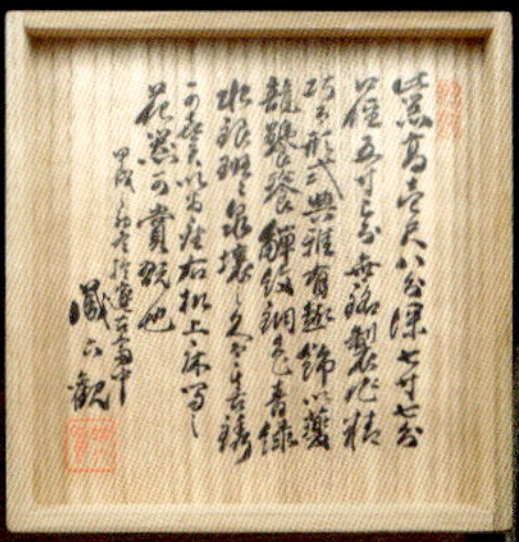

藏六題識

980

商晚期·青銅子祖癸觚

銘文：子祖癸。

說明：此件青銅觚大侈口，頸部光素，近下方有兩條弦紋。腹部較頸部略鼓，其上裝飾外捲角型獸面紋。高圈足外撇，下有加高的狹邊。圈足上部有兩條弦紋，中部是面面相對的尖叫鳥紋，下部為內捲角型獸面紋。此類獸面為變形獸面紋的一種，多只保留角、目、鼻、耳、口、爪等彼此各不相連的線條，多是素面的，沒有地紋；有的雖有地紋，但仍然沒有紋飾實像的整體感。圈足內有銘文"子祖癸"，為簡式祭辭。整件皮殼熟潤，具有別樣的韻味。

LATE SHANG DYNASTY A BRONZE FLOWER HOLDER, *GU*

高：25.8cm

RMB: 380,000—500,000

981

商晚期・青銅[glyph]父爵

銘文：[glyph]父。

說明：此商晚期青銅爵流、尾近乎等高，流根部兩側設菌形柱，腹部呈筒狀，底為圜形。一側有鋬，底承三錐足。爵的兩菌形柱上裝飾火紋，又稱圓渦紋、渦紋或囧紋，是自新石器時代延續而來的紋飾。頸部一周作三角紋，至尾部則拉長至尾端，內填雲雷紋。流下方對稱浮雕兩龍紋，龍頭下尾上，輔以雲雷地紋。腹部三條出脊，與鋬一起四分腹部紋飾，每部分裝飾一龍紋，兩兩對稱。龍圓目，頭頂有長頸鹿型角，身軀曲折簡化，其餘作雲雷紋地。腹部紋飾上下皆有連圈紋為界。鋬上浮雕牛首，鋬下腹壁有銘文"[glyph]父"二字，為器主徽記。本件初為雷蒙德・比德維爾收藏，1962 年收入馬塞諸塞州春田市藝術博物館收藏，器身有博物館編號。

LATE SHANG DYNASTY A BRONZE LIBATION CUP, *JUE*

Illustrated: *The Raymond A. Bidwell Collection of Chinese Bronzes and Ceramics*, pp. 22-23, Museum of Fine Arts, Springfield, Massachusetts, 1965

Provenance: 1. Raymond A. Bidwell's collection
2. Museum of Fine Arts, Springfield, Massachusetts, 1962

高：22cm

RMB: 180,000－280,000

出版：《雷蒙德・比德維爾收藏中國青銅器陶瓷器》第二二至二三頁，春田市藝術博物館，馬塞諸塞州，1965 年。

遞藏：1. 雷蒙德・比德維爾（Raymond A. Bidwell）（1876 ～ 1954）舊藏。
2. 春田市藝術博物館舊藏，馬塞諸塞州春田市，入藏於 1962 年。

62.ME1.06
博物館編號

982

商晚期·青銅冈父癸爵

銘文：冈父癸。

說明：爵是最早出現的青銅禮器，見於夏代晚期，器壁多薄，表面粗糙，無銘文，腹部偶有簡略的連珠紋，流和尾較平，流作狹槽形，不設柱或有小釘狀柱。鋬弧度大，纖薄，爵體呈扁體，底部平。從形制看，尚帶有陶爵的特徵。商代早期青銅爵延續夏代形式，流開始加寬，口沿加厚，設有雙柱，分釘形和菌形兩種。商代中期，器壁普遍較厚，菌形柱有演化為平頂柱帽者，足部作粗實尖銳的錐足。至商代晚期，爵發展成熟，流和尾長度接近，雙柱從流口之際向後轉移，流前段有加高趨勢，鋬上多作犧首，柱有菌形、帽形等多種，足以三角錐形為多，少數有三角刀形。此件即商代晚期典型青銅爵，流、尾厚實，口沿上有雙菌形柱。腹部呈卵狀，一側有鋬，底承三角錐形足。菌形柱裝飾火紋，腹部則裝飾曲折角型獸面紋，輔以雲雷紋地。鋬下有銘文"冈父癸"，為簡式祭辭。

LATE SHANG DYNASTY A BRONZE VESSEL, *JUE*

Provenance: 1. Richard C. Farish's collection
2. Lot 3, Sotheby's London, April 6, 1976
3. Michael Michaels's collection

高：21.5cm

RMB: 350,000—500,000

遞藏：1. 理查德·法里什（Richard C. Farish）舊藏。
2. 倫敦蘇富比拍賣第 3 號拍品，1976 年 4 月 6 日。
3. 邁克爾·邁克爾斯（Michael Michaels）（1907 ～ 1986）舊藏。

商晚期　青銅[illegible]父癸爵

983

西周早期・青銅□方罍

銘文：□作宗彝。

說明：罍為盛酒器，金文中自名為罍，器型見於商代晚期。商代早期和中期皆沒有發現，當時大型容酒器主要是大口尊及瓿，在商代晚期前段，罍開始出現，與瓿並存一段時間後取而代之。學者推測罍是瓿形體升高的結果。罍存世量不多，自商晚期流行至春秋中期，分圓形和方形兩大類。此件青銅罍平面長方，四面坡式蓋，頂部蓋鈕與蓋相同，作縮微之狀。器身長直頸，肩部圓鼓，腹部高深，向下收斂，底部高圈足外撇。蓋鈕近邊緣處，平行飾兩道弦紋，內填火紋。頸部和肩部各有兩條弦紋，腹部弦紋間裝飾火紋帶，長邊設三火紋，窄邊設兩火紋。兩窄面有牛角犧首環耳，寬面近腹部下方，有單獨一犧首環耳，是西周早期罍的標準制式。蓋內有銘文“□作宗彝”，為徽記。

EARLY WESTERN ZHOU DYNASTY A BRONZE VESSEL, *LEI*

Exhibited: 'Art Dealers Fair and Exhibition Tokyo Japan', October 8-10, 1966

Provenance: Private Japanese collection, Tokyo, the 1920s

高：35.5cm

RMB: 1,200,000—1,600,000

展覽：“日本東京藝術經銷商展銷會”，1966 年 10 月 8 日至 10 日。

遞藏：日本私人舊藏，20 世紀 20 年代得自東京。

西周早期
青銅方罍

984

春秋中期・青銅交體龍紋三犧鼎

說明：此件青銅鼎蓋與器子母口蓋合，器身近半球形。腹兩側設附耳，兩耳渾厚，微微向兩側伸展，滿工作交體龍紋和綯紋。下置蹄足，足上方浮雕獸面紋，威武猙獰。蓋隆頂平，正中作活環鈕，由內而外佈三道交體龍紋帶。蓋緣圓雕三犧，四肢俯臥，形體似牛，頭部僅一角，頗類後世之甪端。腹部亦作兩條交體龍紋帶，腹最大徑處有綯紋分隔。交體龍紋是龍體部交纏的形象，下者升上，上者下覆，兩體交纏。較為粗壯的，舊稱蟠螭紋。交龍以兩龍合為"∽"形，軀幹粗大，內填以各種精細的雷紋和幾何紋，精密華麗。在山西侯馬晉國新田遺址中，曾有這類紋飾的陶範出土，可證明此鼎具有三晉地區的風格，同類較小的鼎在山西長治戰國墓地中亦有發現。交體龍紋紋盛行於春秋中期到戰國早期，因此，此件當為春秋中期三晉地區之物。附德國收藏家露特・施密德 1983 年購買發票，內文德文描述了該器器型、紋飾、年代及價格。

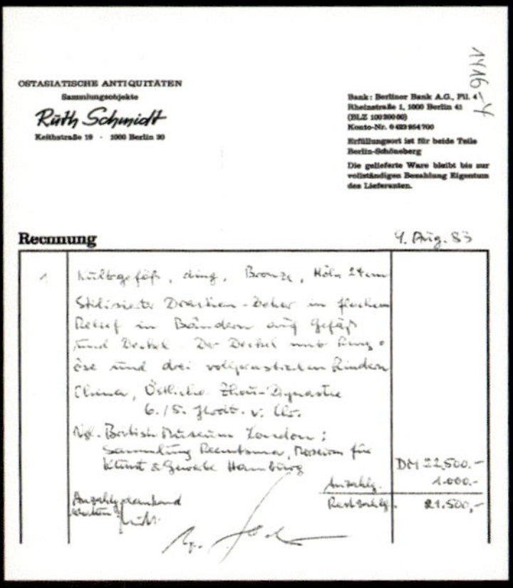
OSTASIATISCHE ANTIQUITÄTEN
Sammlungsobjekte
Rüth Schmidt
Keithstraße 19 · 1000 Berlin 30

Bank: Berliner Bank A.G., Fil. 4
Rheinstraße 1, 1000 Berlin 41
(BLZ 100 200 00)
Konto-Nr. 0423 954 700
Erfüllungsort ist für beide Teile Berlin-Schöneberg
Die gelieferte Ware bleibt bis zur vollständigen Bezahlung Eigentum des Lieferanten.

1116-4

Rechnung 4. Aug. 83

1	Kultgefäß, ding, Bronze, Höhe 24cm Stilisierte Drachen-Dekor in flachem Relief in Bändern auf Gefäß und Deckel. Der Deckel mit Ring-öse und drei vollplastischen Rindern China, Östliche Zhou-Dynastie 6./5. Jhdt. v. Chr. Vgl. British Museum London; Sammlung Reemtsma, Museum für Kunst & Gewerbe Hamburg	DM 22.500.-
	Anzahlg.	1.000.-
	Restzahlg.	21.500,-

Anzahlung dankend erhalten

1983 年露特・施密德購買發票

MID-SPRING AND AUTUMN PERIOD A BRONZE VESSEL WITH DRAGON PATTERN, *DING*

Provenance: 1. Rüth Schmidt's collection, Berlin, Germany, 1983
2. Private German collection

高：24.2cm

RMB: 250,000－350,000

遞藏：1. 德國柏林露特・施密德（Rüth Schmidt）1983 年前舊藏。
2. 德國收藏家收藏。附 1983 年購買發票。

985

戰國・青銅鎏金嵌綠松石錯銀鏤雕帶鉤

說明：帶鉤是古代貴族、文人、武士所系腰帶的掛鉤，古又稱“犀比”，兼具實用性和美觀性。良渚時期即有類似帶鉤的玉器出現，經商周發展，戰國至秦漢時期的帶鉤在材質、形制、地理分佈上均得到較大發展。此青銅鎏金帶鉤體長而纖細，鉤紐位於中部，符合戰國時期帶鉤特點。龍首長尾，以鏤空的形式勾連造型，遍體鑲嵌鱗甲狀的綠松石，象徵龍鱗，栩栩如生。整器尺寸甚長，工藝精美，為王侯貴族之佩物。

WARRING STATES PERIOD A SILVER-AND-TURQUOISE-INLAID GILT-BRONZE BELT BUCKLE

Illustrated: 1. *Works of Art from China and Fareast Collected by Yamanaka & Co.*, no. 145, New York, 1943
2. *The Raymond A. Bidwell Collection of Chinese Bronzes and Ceramics*, pp. 60-61, Museum of Fine Arts, Springfield, Massachusetts, 1965

Provenance: 1. New York Office, Yamanaka & Co., 1943
2. Raymond Bidwell's collection
3. Museum of Fine Arts, Springfield, Massachusetts, 1962

長：22cm

RMB: 250,000－350,000

出版：1.《山中商會藏中國及其他遠東藝術品》第一四五號，紐約，1943 年。
2.《雷蒙德・比德維爾收藏中國青銅器陶瓷器》第六十至六一頁，春田市藝術博物館，馬塞諸塞州，1965 年。

遞藏：1. 山中商會紐約分部，1943 年。
2. 雷蒙德・比德韋爾（Raymond Bidwell）（1876 ～ 1954）舊藏。
3. 春田市藝術博物館，馬塞諸塞州，入藏於 1962 年。

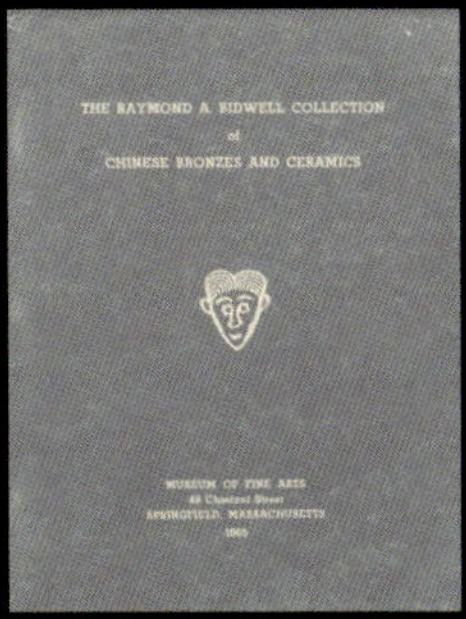

986

西周中期・青銅弦紋鼎

說明：此件方唇口，上有對稱立耳，斜壁鼓腹，最大徑低垂，弧底，下承三柱足。腹底三柱足間弦紋兩兩相連，各又出一線匯聚中心，用以加強底部，此為西周垂腹鼎常有之特徵。除頸下一條弦紋外，通體無紋飾。在經歷了商末周初繁複紋飾後，西周中期青銅器裝飾趨向簡化，此件便是這一時期典型器。

MID-WESTERN ZHOU DYNASTY A BRONZE VESSLE, *DING*

高：17.6cm

RMB: 250,000－350,000

987

西漢・青銅四葉紋扁壺

說明：壺為盛酒器，是長頸容酒器的統稱。青銅壺的使用時間從商代早期至漢代或更晚，形式多樣，制式複雜。與此件拍品相類的扁壺至遲在戰國早期已有發現，作為禮器一直延續到漢代。此件青銅壺蓋鼎隆起，上有本有環鈕，惜已缺失。子母口，榫入壺頸。壺身頸部直，橢圓形扁腹，光素無紋，下有橢圓形圈足。肩部對稱浮雕兩環鈕，個中穿環為耳。蓋頂以鈕為中心，裝飾四葉紋，輔以幾何紋。此為全器唯一紋飾，在戰國及西漢早期銅鏡鏡鈕多有使用。依器型和紋飾，此壺當為西漢早期器。

WESTERN HAN DYNASTY A FLAT BRONZE WINE POT WITH LEAF PATTERN

Provenance: Georges Halphen's collection, France

高：26.3cm

RMB: 60,000—80,000

遞藏：法國喬治斯・哈爾芬（Georges Halphen）舊藏。

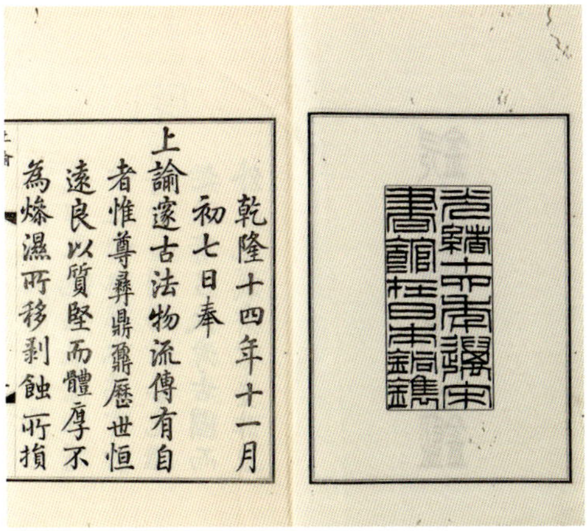

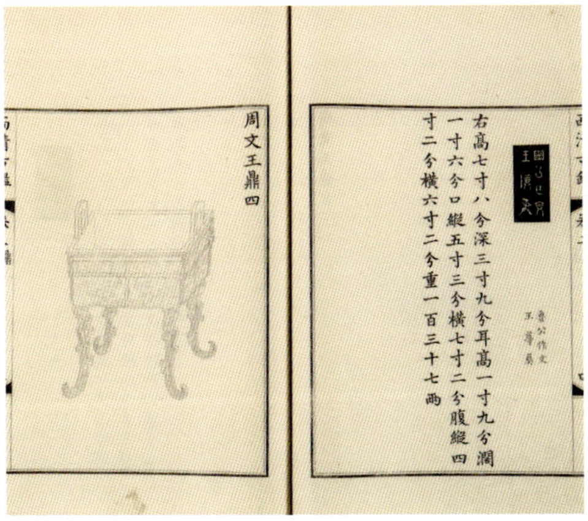

988

西清古鑒四十卷　附錢錄十六卷

清光緒十四年（1888）邁宋書館銅版印本

4 函 24 冊　白紙

說明：是書為清宮庋藏古代青銅器的大型譜錄，乾隆皇帝命吏部尚書梁詩正、戶部尚書蔣溥、工部尚書汪由敦等仿效《考古圖》、《宣和博古圖》體例，收錄清宮所藏古代銅器一千五百二十九件，並錄伏羲氏至明代崇禎錢幣及外國貨幣、厭勝錢等共五百七十枚，由畫院供奉梁觀、丁觀鶴等繪圖，陳孝泳、楊瑞蓮摹篆，勵宗萬等繕書，器物的方圓圍徑、高廣輕重記載詳明，對古器物的銘文均鉤摹注釋，圖繪精妙，考據典核。

此本據乾隆殿本影雕，與原本形神皆同，開本豪闊，紙墨俱佳，頗可寶藏。銅版於光緒十九年（1893）購回並進呈宮內。

QING DYNASTY　XI QING GU JIAN (40 vols), QIAN LU (16 vols)

Copper-printed by Mai Song Shu Guan in 1888

4 cases of 24 volumes

半框：29.3 × 22cm　開本：42.2 × 26.7cm

RMB: 180,000－220,000

參閱：《清代內府刻書目錄解題》第 355 頁。

989

唐・青銅千秋單龍葵花鏡

說明：此鏡作葵花形，圓鈕，一圈凸楞將鏡背分成内外兩區，主紋飾為一條頭尾相接，盤繞迴旋的巨龍，身旁流雲飛動。巨龍環鈕而置，張開大口，欲吞寶珠。伸出左前爪向上，左後肢彎曲沖天，右前肢和後肢點地，龍尾捲曲，鱗片、鬢髮以及龍爪均刻畫極致生動。巨龍鬢髮飛舞，神態威嚴，頗有王者之相。外區花草與祥雲相間環繞一周，天地各有一方勝，分書“千”、“秋”二字。《舊唐書・玄宗本紀》記載，唐開元十七年，將八月五日定為千秋節，成為大唐盛世的一項重要活動。開元十八年的千秋節，玄宗御臨花萼樓，賜四品以上王公大臣“金鏡、珠囊、縑絲”等物，本件上的“千秋”當為此意。此鏡形制規整，為同類中尺寸之大者，且葵花式帶銘單龍鏡品種特殊，頗為難得。

TANG DYNASTY A LOBED BRONZE MIRROR WITH DRAGON PATTERN

Illustrated: *Light Today on Ancient Mirrors*, vol. 2, no. 207, Cultural Relics Press, 2012

直徑：21.2cm

RMB: 1,000,000—1,500,000

出版：《古鏡今照》下冊第二零七號，浙江省博物館編，文物出版社，2012 年。

千

990

唐・青銅雙鳳雙獸花草菱花鏡

說明：此鏡作菱花形，圓鈕，一圈凸棱將鏡背分成內外兩區。內圈以鈕為中心，作兩瑞獸兩鳳鳥相間環繞，並以纏枝花草點綴其中。瑞獸頭似獅子，腦後有鬃，額頂雙角似龍；身軀骨肉飽滿，強健有力。四爪鋒利，團尾上揚。鳳鳥雙翅翎尾絲絲縷縷，毫髮畢現，曲頸直立，仙逸飄然。外圈每個菱花花瓣內，或有祥雲，或有蝴蝶，或有花卉，或有卷草等等，種類豐富，姿態多變。此鏡直徑甚闊，為同類題材中之大器，極為難得。

TANG DYNASTY A BRONZE MIRROR WITH PHOENIX, BEAST AND FLORAL PATTERNS

直徑：23cm

RMB: 1,200,000—2,000,000

991

唐·青銅銀背瑞獸花鳥葵花鏡

說明：此為唐代特種工藝鏡，葵花形，鏡背銀殼。內有兩條凸棱，將鏡分內、中、外三區，外側隨鏡緣作葵花形，內側正圓形。銀背滿工鏨刻魚子紋地，顆顆分明，密不透風。內區中心設圓鈕，鈕座上有大魚子紋，鈕上飾花卉紋。繞鏡鈕環繞兩瑞獸兩鳳鳥，間隔排布，以草葉點綴其中。中區跑獸、雀鳥交替分佈，間以草葉紋。獸、鳥姿態豐富多變，各具特色。外區作小花卉紋，充分利用空間，層次明確。整器工藝精細，充滿瑰麗富貴之氣。

TANG DYNASTY A BRONZE MIRROR WITH BEAST, BIRD AND FLORAL PATTERNS

直徑：15cm

RMB: 1,000,000—1,500,000

992

隋・青銅仙山竝照四獸銘文鏡

說明：此銅鏡圓形，鏡背以齒紋帶分內外兩區裝飾。內區中心設圓鈕，以此環繞四瑞獸。瑞獸昂首挺胸，四肢有力，尾部揚起，靈動飄逸。瑞獸之間有花卉紋，其餘空隙點綴朵朵祥雲。外區楷書銘文“仙山竝照，智水齊名。花朝豔采，月夜流明。龍盤五瑞，鸞舞雙情。傳聞仁壽，始驗銷兵。”依據鏡銘，此類始見於隋仁壽年間，為隋代銅鏡標準器。

SUI DYNASTY A BRONZE MIRROR WITH BEAST PATTERN

直徑：19.2cm

RMB: 200,000－300,000

993

隋・青銅四靈飛天鏡

說明：此鏡圓形，鏡背以佈滿齒紋的凸棱分內外兩區。內區中心作大圓鈕，鏡座一周有連珠紋。繞鏡鈕環繞蒼龍、白虎、朱雀、玄武四靈，是漢代以來盛行的方位瑞獸。《三輔黃圖》卷三有："蒼龍、白虎、朱雀、玄武，天之四靈，以正四方"之語。外區有飛天環佈。飛天在南北朝至隋唐大量出現於壁畫之中，源於梵語"提婆"一詞。因"提婆"有天之意，故譯為飛天。佛教在隋代已完全中國化，此鏡即是佛教與本土文化融合的產物，為罕見的孤品。

SUI DYNASTY A BRONZE MIRROR WITH IMMORTAL PATTERN

直徑：18.8cm

RMB: 600,000－1,200,000

994

唐・青銅海獸葡萄鏡

說明：此鏡圓形，凸起的弦紋高圈將鏡背紋飾分為內外兩區。內區中心伏獸鈕，六隻瑞獸環繞鏡鈕，造型渾厚，形態各不相同。瑞獸身後各配置一葡萄果實，枝葉紋相互穿插纏繞，搭配和諧而富有生趣，線條流暢而形式優美。外區葡萄藤蔓果實與禽鳥相間分佈，雀鳥展翅飛翔，外有花卉邊。整器版模佳良，泛現白光，富麗堂皇。

TANG DYNASTY A BRONZE MIRROR WITH BEAST AND GRAPE PATTERNS

直徑：18cm

RMB: 180,000—250,000

995

唐・青銅天馬獸鳥葡萄鏡

說明：此鏡圓形，凸起的弦紋高圈將鏡背紋飾分為內外兩區，外區葡萄藤蔓與獸鳥相間分佈。內區三天馬三松鼠環繞松鼠鈕相間分佈，松鼠和天馬有的回首顧盼，有的昂首闊步，形態各不相同，動勢豐富，生趣自然。其間飾葡萄紋及枝葉紋，相互穿插纏繞，形式優美，佈局精細。整器光氣勻亮，工藝細膩。

TANG DYNASTY A BRONZE MIRROR WITH BEAST AND BIRD PATTERNS

直徑：22.8cm

RMB: 600,000—1,200,000

996

唐・青銅雙鳳雙花鏡

說明：此鏡圓形，鏡背中心設圓鈕。素地，浮雕裝飾雙鳳雙花。兩鳳軀體高浮雕，兩腿高低錯落，細觀可見外側鳳腿下已鏤空，表現出豐富的層次。

TANG DYNASTY A BRONZE MIRROR WITH PHOENIX AND FLORAL PATTERNS

直徑：18cm

RMB: 50,000—70,000

997

唐・青銅仿戰漢交龍紋鏡

說明：此鏡圓形，鏡背有兩條凸棱，棱上裝飾繩紋。凸棱分鏡背為內、中、外三區，其內皆裝飾交龍紋。外圈龍紋具象，可辨首尾。中、內兩圈則僅有軀幹。交龍紋鏡流行於戰國及西漢早期，此件紋飾不類戰漢，形制屬唐式，為唐代仿古之作。

TANG DYNASTY A BRONZE MIRROR WITH DRAGON PATTERN

直徑：17cm

RMB: 90,000—120,000

998

唐・青銅海獸葡萄鏡

說明：此鏡圓形，鏡背中有伏獸鈕。一圈凸棱將鏡背分內外兩區，內區作四海獸奔走於葡萄藤枝之間。外區作雀鳥飛行，輔以葡萄紋，為典型的唐代海獸葡萄鏡，

TANG DYNASTY A BRONZE MIRROR WITH BEAST AND GRAPE PATTERNS

直徑：12.5cm

RMB: 20,000－30,000

999

唐・青銅海獸葡萄鏡

說明：此鏡圓形，呈水銀沁色，皮殼別緻。鏡背有凸棱一周，分圖案為內外兩區。內區中心設伏獸鈕，環繞海獸四隻，奔走於葡萄藤蔓之間；外區有雀鳥葡萄間隔一周。附有 1980 年文物出口特許證，上有此件舊影。

TANG DYNASTY A BRONZE MIRROR WITH BEAST AND GRAPE PATTERNS

Note: Attached is an export license issued in 1980.

直徑：14.5cm

RMB: 20,000—30,000

附：1980 年文物出口特許證。

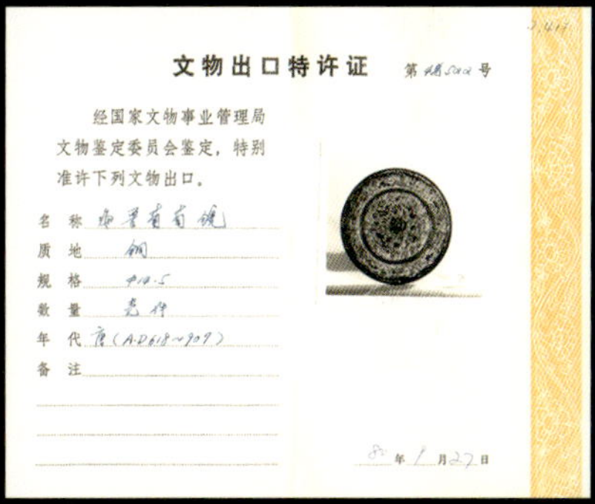

文物出口特许证 第[illegible]号

经国家文物事业管理局文物鉴定委员会鉴定，特别准许下列文物出口。

名 称 [illegible]

质 地 铜

规 格 ϕ14.5

数 量 [illegible]

年 代 唐（A.D618~907）

备 注

80 年 1 月 27 日

1980 年文物出口特許證

1000

唐・青銅海獸葡萄鏡

說明：此青銅鏡圓形，構圖分為內外兩圈，鏡外緣為高直窄線棱邊。外圈高浮雕葡萄枝蔓紋與雀鳥紋相間佈置，葡萄枝葉越過內圈邊界，直達中心。內圈圓心為海獸形鈕，周圍環繞雕海獸四隻，或匍匐、或跳躍，姿態生動，形體矯健。海獸之間有燕雀間隔，姿態各異。整體紋飾繁密華麗，錯落有致。鏡中海獸皆以高浮雕鏤空工藝鑄造，花瓣、葡萄細緻入微，為典型的唐代銅鏡。

TANG DYNASTY A BRONZE MIRROR WITH BEAST AND GRAPE PATTERNS

直徑：11.8cm

RMB: 20,000—30,000

1001

漢・青銅四乳四神鏡

說明：此鏡圓形，鏡背中心大圓鈕高突，鈕一周有方形邊框，內浮雕花瓣紋。外側四乳突，分割四神。四神有天祿、辟邪、朱雀、翼龍，浮雕層次豐富。鏡緣外有齒紋及鳥獸紋一周。器型紋飾屬東漢晚期器。

HAN DYNASTY A BRONZE MIRROR WITH IMMORTAL PATTERN

直徑：21cm

RMB: 120,000—150,000

1002

六朝·青銅龍氏作龍虎銘文鏡

說明：此鏡圓形，鏡背大圓鈕高突，環繞浮雕龍虎紋。外側有銘文"龍氏作竟四夷服，多賀君家人民息。
胡虜殄滅天下復，風雨時節五穀熟。" 鏡緣作齒紋。制式為東漢末至魏晉器。

SIX DYNASTIES A BRONZE MIRROR WITH DRAGON AND TIGER PATTERNS

直徑：14cm

RMB: 80,000—120,000

1003

六朝·青銅青蓋作龍虎銘文鏡

說明：此鏡圓形，皮殼暗沉，圓鈕高突，有龍虎紋繞鈕一周。龍虎外圍，有銘文"青蓋作鏡四夷服，多賀國家人民息。胡虜殄滅天下復，風雨時節五穀熟。長保二親得天力，傳告後世樂無極。"鏡緣高而斜，飾三圈齒紋。制式、銘文為東漢末至魏晉銅鏡器。

SIX DYNASTIES A BRONZE MIRROR WITH DRAGON AND TIGER PATTERNS

直徑：16cm

RMB: 120,000－150,000

1004

元・青銅雲龍紋大型鏡

說明：此鏡直徑甚闊，邊緣仿戰漢制式，外側高起，鏡背陷地高浮雕龍紋。龍大口獠牙，頸部兩彎，纖細靈巧；身軀粗壯，佈滿鱗片，首尾相接，盤轉成團，四肢雄健，奔走有力。龍身旁祥雲湧動，鬣髮、背鰭隨風飄逸。鏡鈕為兩如意雲頭紋組合而成，鈕座倭角四方，恰入龍口之中，宛若追戲的寶珠。整器厚重精美，足具氣魄。

YUAN DYNASTY A LARGE BRONZE MIRROR WITH DRAGON AND CLOUD PATTERNS

直徑：42.5cm

RMB: 80,000－120,000

1005

元·銅鎏金準提觀音鏡

說明：此件元代青銅鎏金，鏡面外有一周梵文準提咒。鏡子背面中心繪準提觀音，外圈撰寫“南無颯哆喃，三藐三菩陀，俱胝喃，怛侄他，唵，折戾主戾，准提，娑婆訶”等準提咒。准提觀音又稱“准提佛母”、“七俱胝佛母”，准提為梵語 Cunte 的音譯，意為清淨，讚歎心地清淨。密教認為他是觀世音菩薩的六個化身之一。佛家認為其可成就延命、除災、求子諸願。

YUAN DYNASTY A GILT-BRONZE MIRROR WITH AVALOKITESVARA PATTERN

直徑：9.7cm

RMB: 200,000—300,000